中国与非洲的经贸合作

（2010 年 12 月）

中华人民共和国
国务院新闻办公室

人 民 出 版 社

目　录

前　言

中国是世界上最大的发展中国家,非洲是发展中国家最集中的大陆,中国和非洲的人口占世界人口三分之一以上。发展经济和推动社会进步是中国与非洲共同面临的任务。

多年来,在发展过程中,中国与非洲充分发挥双方资源条件和经济结构等方面的互补性,按照平等相待、讲求实效、互惠互利、共同发展的原则,不断加强经贸合作,努力实现互利共赢。实践证明,中非经贸合作符合双方共同利益,有助于非洲实现联合国千年发展目标,促进了中非共同繁荣和进步。

20世纪50年代,中非经贸合作以贸易和对非援助为主。在双方共同努力下,合作领域不断拓宽,合作内容日益丰富。特别是2000年中非合作论坛成立后,双方经贸合作进一步加强和活跃,贸易、投资、基础设施、能力建设全面推进,金融、旅游等领域的合作逐步拓展,形成了多层次、宽领域的格局,处在新的历史起点上。

中非经贸合作是南南合作的重要组成部分,为南南合作注入新的活力,提升了发展中国家在国际政治经济格局中的地位,为推动建立公正合理的国际政治经济新秩序发挥着重要作用。中国也愿与其他国家和国际组织一道,加强与非洲国家的磋商与协调,共同参与非洲建设,共同推动非洲的和平、发展与进步。

一、促进贸易平衡发展

贸易是中非经贸合作最初的形式。伴随着中非关系的发展和交往的增多,中非贸易规模日益扩大。1950 年,中非双边贸易额仅为 1214 万美元,1960 年达到 1 亿美元,1980 年超过 10 亿美元。2000 年迈上百亿美元台阶后,中非贸易呈现快速增长势头。2008 年突破了 1000 亿美元,其中中国对非洲出口 508 亿美元,自非洲进口 560 亿美元。2000 年至 2008 年,中非贸易年均增长率高达 33.5%,占中国对外贸易总额的比重由 2.2% 升至 4.2%,占非洲对外贸易总额的比重由 3.8% 升至 10.4%。2009 年,虽然受国际金融危机影响,中非贸易额下降到 910.7 亿美元,但中国在当年首次成为非洲第一大贸易伙伴国。随着世界经济复苏,中非贸易呈现良好的恢复发展态势。2010 年 1 月至 11 月,中非贸易额达 1148.1 亿美元,同比增长 43.5%。

在规模扩大的同时,中非贸易结构逐步优化,双方具有比较优势的产品相继进入对方市场。20 世纪 80 年代至 90 年代,中国对非洲出口商品以轻工、食品、化工、土畜产等为主。2000 年以来,机械设备、汽车、电子产品等机电产品出口显著增长,商品质量和技术含量大幅提高。目前,机电产

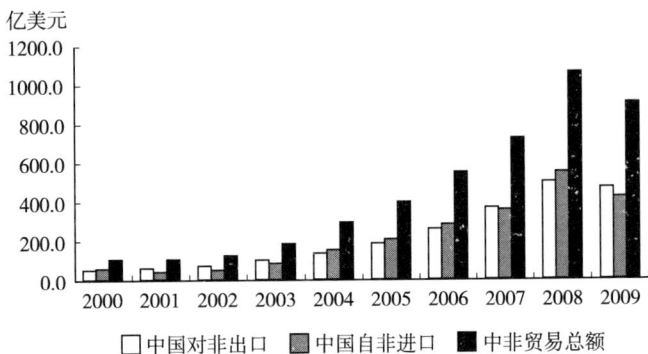

图1　2000—2009年中国与非洲贸易额

品占中国对非出口的比例已超过50%。在非洲对中国出口方面,棉花、磷酸盐等初级产品曾经是主要商品。近年来,非洲的钢材、铜材、化肥、电子产品等工业制成品陆续进入中国市场。同时,非洲农产品对中国出口增长加快。埃及的柑橘、南非的葡萄酒、加纳的可可豆、乌干达的咖啡、突尼斯的橄榄油、埃塞俄比亚的芝麻等特色产品,逐渐为中国消费者熟悉和喜爱。受国际金融危机影响,2009年中国从非洲进口有所下降,但农产品进口增长了25%。

多年来,中国遵循互惠互利的原则,推进贸易便利化,推动中非贸易全面综合平衡发展。中国已与45个非洲国家签订双边贸易协定,加强在海关、税务、检验检疫等领域的合作,为中非贸易发展创造良好条件。为支持非洲国家扩大对华出口,从2005年起,中国给予与中国建交的非洲最不发达国家部分对华出口商品零关税待遇。截至2010

4

年7月,受惠商品已扩大到4700多个税目,今后将逐步涵盖《中华人民共和国海关进出口税则》全部税目95%的商品。在零关税政策带动下,非洲受惠商品对华出口快速增长。从2005年至2010年6月底,中国在零关税待遇项下累计进口非洲商品13.2亿美元,包括农产品、皮革、石材、纺织服装、机械零部件、贱金属、木制品等。中国还通过举办非洲商品展、设立非洲产品展销中心,并提供摊位费减免等优惠便利措施,帮助非洲企业开拓中国市场。

当前,中国和非洲同处于工业化、城市化进程中,市场需求旺盛,中非贸易具有很大潜力。就中国而言,非洲原油、矿产、钢材、农产品等商品对华出口,对促进中国经济发展和提高人民生活水平发挥出积极作用。就非洲而言,中国的产品和技术适合非洲发展的需要,中国巨大的市场也为非洲产品提供了广阔空间。特别是中国经济持续快速发展为非洲资源产品提供了稳定的出口市场。同时,物美价廉的中国商品进入非洲,可以帮助提高非洲民众的生活水平,并且有助于一些非洲国家控制和缓解通货膨胀。

二、拓展相互投资领域

中国对非洲国家的投资始于20世纪80年代，初始阶段规模普遍较小。进入90年代后，中国对非投资规模逐步扩大，领域不断拓宽，方式日趋多样。2000年以来，在中非合作论坛带动下，中国对非投资快速增长，逐步形成多元化的投资格局。与此同时，非洲对中国的投资也日渐活跃，一批非洲企业在中国市场中发展壮大。

近年来，中国对非投资呈现出新的特点。一是增长迅速。2003年底中国对非直接投资存量为4.9亿美元，而截至2009年底，中国对非直接投资存量已大幅增长到93.3亿美元。二是分布广泛。中国对非投资分布在49个非洲国家，主要流向南非、尼日利亚、赞比亚、苏丹、阿尔及利亚、埃及等国家。三是领域丰富。主要涉及采矿、金融、制造、建筑、旅游、农林牧渔业等。四是方式多样。除独资、合资外，参股、并购以及与第三国企业合资开发资源等方式也逐渐增多。五是主体多元。国有大中型企业、民营企业和个体从业者等，均在非洲投资兴业，各有所长，相互补益。

中国政府鼓励和支持有实力、信誉好的中国企业扩大对非投资，并采取措施加以引导，起到了明显带动效应。一

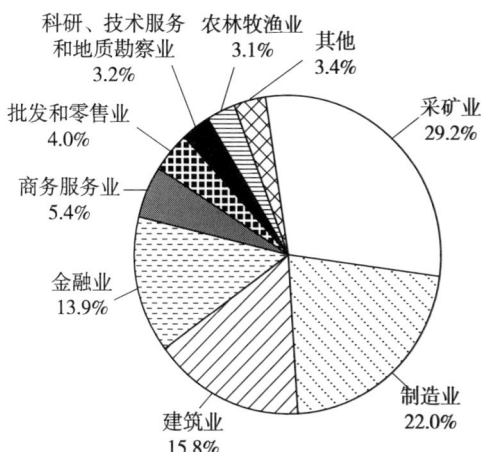

科研、技术服务
和地质勘察业
3.2%

农林牧渔业
3.1%

其他
3.4%

批发和零售业
4.0%

采矿业
29.2%

商务服务业
5.4%

金融业
13.9%

建筑业
15.8%

制造业
22.0%

图2　中国对非洲直接投资存量行业分布图(截至2009年底)

是通过签订协定等方式营造良好投资环境。截至目前,中
国已与33个非洲国家签署双边促进和保护投资协定,与
11个非洲国家签订避免双重征税协定,为中非企业合作创
造条件。二是设立中非发展基金。该基金是由中国金融机
构设立的专门用于支持国内企业对非投资的股权基金,成
立3年来已决策投资30多个项目,涉及农业开发、机械制
造、电力、建材、工业园区、矿业、港口物流等领域。目前基
金一期10亿美元额度已安排完毕,将逐步扩大到50亿美
元。三是推动建设境外经贸合作区。由中国企业在双方政
府支持下进行合作区的基础设施开发,并负责招商,吸引中
外企业入驻,逐步形成产业集群。目前,中国正在赞比亚、
毛里求斯、尼日利亚、埃及和埃塞俄比亚等非洲国家建设6

个经贸合作区,园区基础设施建设已投入2.5亿美元。赞比亚—中国经贸合作区是中国在非洲设立的第一个境外经贸合作区,目前已引进13家企业,涉及采矿、勘探、有色金属加工、化工、建筑等领域,完成实际投资6亿美元,为当地提供就业岗位6000多个。

非洲国家资源丰富,在资源领域的开发合作是中非投资合作的重要内容。近年来,一些中国企业按照互利共赢、共同发展的原则,积极参与非洲资源开发,帮助非洲国家发展资源加工业,提高资源附加值,将资源优势转化为社会经济发展的动力。在合作中,中国企业严格遵循国际规则,采取公开透明、形式多样的合作方式,不垄断、不排他,与非洲国家和国际企业共同开发、利用资源。中国企业在这一领域的投资,拓宽了非洲发展的资金来源,提升了资源价值,也带动当地基础设施建设和经济发展,赢得了当地政府和民众的广泛欢迎。如,中国和马来西亚等国家的企业与苏丹合作开发石油资源,帮助苏丹建立了上下游一体化的现代石油工业体系,苏丹的财政收入由此大幅增加,对改善人民生活发挥重要作用。

中国在非企业在经营过程中,注意处理好与当地民众关系,坚持依法经营、诚实守信,加强资源节约和环境保护,实施"本土化"经营,雇用大量当地员工,积极提升所在国自主发展能力,在加快自身发展的同时为当地经济发展作出贡献。如,中国在赞比亚的矿产企业,不仅投资建设冶炼厂,提高当地铜资源的利用效率,还在国际金融危机发生后承诺,"不减少一吨产量、不裁减一名员工、不减少一分投资",成为该国 7 家外资矿山企业中唯一没有减产、裁员的企业。

近年来,随着非洲经济发展和中国市场潜力扩大,非洲企业对华投资日渐活跃。其中,毛里求斯、南非、塞舌尔、尼日利亚、突尼斯等是非洲主要的对华投资国家。南非企业在华合资成立的啤酒企业,共经营着近 70 家啤酒厂。突尼斯与中国企业在华合资成立的化肥企业,已成为中国大型复合肥生产基地之一。截至 2009 年底,非洲国家累计对华直接投资 99.3 亿美元,涉及石油化工、机械电子、交通通讯、轻工家电、服装纺织、生物制药、农业开发、娱乐餐饮、房地产等领域。非洲对华投资体现了优势互补,也带动了中国对非洲和其他地区的商品出口。

三、重视基础设施建设

基础设施落后是制约很多非洲国家发展的瓶颈,基础设施建设是中非经贸合作的重点领域之一。中国重视支持非洲国家改善基础设施条件,通过援助、工程承包、投资合作、扩大融资等方式,帮助非洲国家兴建住宅、公路、桥梁、铁路、机场、港口、通讯、电力、给排水、医院等基础设施,对非洲发展产生积极影响。中国鼓励和支持中国企业参与非洲国家的基础设施建设,并要求企业重合同、守信用,保质完成项目建设。

多年来,中国援助非洲国家建成一大批基础设施项目。20 世纪 70 年代,在自身经济还很困难的情况下,中国援建了 1860 多公里长的坦桑尼亚—赞比亚铁路,成为中国无私援助非洲的历史见证。中国援建的埃及开罗国际会议中心,总建筑面积 5.8 万平方米,每年举行上百个国际会议及展览,推动了当地商贸及旅游业发展。截至 2009 年底,中国在非洲援建了 500 多个基础设施项目,较大的项目还有索马里贝莱特温—布劳公路、毛里塔尼亚友谊港、突尼斯麦热尔德—崩角水渠、坦桑尼亚国家体育场等。正在援建非洲联盟会议中心等一批项目。

为支持非洲国家改善基础设施条件,中国政府提供了大量优惠性质贷款,并支持中国金融机构扩大对非洲商业贷款规模。特别是中非合作论坛成立以来,中国不断加大对非融资力度。2007年至2009年,中国向非洲提供了50亿美元优惠贷款和优惠出口买方信贷。2010年至2012年,中国计划向非洲提供100亿美元优惠性质贷款。优惠性质贷款支持的在建大型项目,包括毛里求斯机场、赤道几内亚马拉博住宅、加纳布维水电站等。

中国工程企业按照国际通行规则,通过竞标在非洲承建工程项目,建设了大批质量好、造价低、非洲急需的基础设施。从住房、道路,到机场、炼油厂、电信网、水电站,项目的技术含量不断提高,规模不断扩大;从单一企业投标到组建国际企业联合体投标,中国企业在非洲展现了实力,积累了经验,培养了人才,提升了国际化经营能力。中国企业建成的大型项目包括阿尔及利亚喜来登酒店、埃塞俄比亚全国电信网、苏丹麦洛维大坝等。正在建设的大型项目有安哥拉社会住房、利比亚沿海铁路、尼日利亚拉各斯轻轨等。

中国企业主动承担社会责任,积极从事惠及当地民众的公益事业,赢得了所在国政府、公众的充分肯定和积极评价。中国企业在非洲国家捐资修路、架桥、打水井、建医院、盖学校,还捐赠物资,为当地社区的发展作出积极贡献。如,中国企业在苏丹的公益事业已使200多万人受益,在尼日利亚捐建的中尼友好小学缓解了当地300个村庄的基础教育压力,在安哥拉、利比亚等国建设的职业培训中心已培训大批学员。

四、加强发展能力建设

发展是非洲面临的最迫切问题,技术和人才的匮乏是制约非洲发展的重要因素。中国政府高度重视非洲发展能力建设,通过与非洲国家开展人力资源开发合作、向非洲派遣援外专家和青年志愿者等,努力帮助非洲国家提升自身"造血"功能。

加强教育交流与合作。中非开展了卓有成效的教育合作,为非洲培养大量人才。截至 2009 年底,中国提供援助在非洲建成 107 所学校,向 29465 人次非洲留学生提供了政府奖学金。目前,中国政府每年向非洲国家提供 5000 个左右奖学金名额。中国还加强与非洲国家在高等教育、职业教育和远程教育等方面的合作,在非洲建立生物、计算机、分析化学、食品保鲜加工、园艺、土木工程等专业实验室。

开展管理和技术培训。中国通过多种方式帮助非洲培养管理和技术人才。截至 2010 年 6 月,中国为非洲国家培训了各类人员 3 万多人次,培训内容涵盖经济、公共行政管理、农牧渔业、医疗卫生、科技、环保等 20 多个领域。另外,中国在非企业通过建立培训中心、在职培训、选派优秀员工赴华培训等方式,为所在国培训大批熟练技术人员。

进行实用技术培训。中国在许多非洲国家开展种植业、养殖业、渔业、编织、刺绣、皮革加工等实用技术培训。如,中国为利比里亚战后难民、辍学学生、贫困农民举办了多期竹藤编技术培训班,推动当地竹藤产业发展。竹藤编培训班学员通过出售自制产品,月收入可达150美元,有效改善了生活条件。

派遣援外专家和青年志愿者。截至2009年底,中国向33个非洲国家派遣了104名高级农业技术专家,帮助非洲国家制定农业发展规划、开展农业技术指导和培训等。派遣专家指导中国援建项目的生产运营,培训当地管理人员,帮助非洲国家掌握独立管理项目的能力。中国还和联合国粮农组织合作,与毛里塔尼亚、加纳、埃塞俄比亚、加蓬、塞拉利昂、马里、尼日利亚等国分别签署了《南南合作三方协议》,累计向上述国家派出600多名中国农业专家和技术人员。截至2009年底,中国向非洲派出青年志愿者312名,提供了汉语教学、医疗卫生、体育教学、计算机培训、国际救援等方面的志愿服务。

五、帮助提升民生水准

完善公共设施、解决粮食问题、改善卫生条件、减少外债负担等，是关系到非洲实现联合国千年发展目标的重要民生问题。中国十分关注非洲的民生发展，帮助非洲国家建设公共福利设施，提高农业水平，改善医疗卫生条件，并积极开展对非减债、救灾和人道主义援助。

积极援建公共福利设施。中国为非洲国家援建了一大批低造价住房、打井供水、污水处理、广播电视和通讯设施等公共福利项目，对提高当地人民生活水平发挥了积极作用。如，塞舌尔、莫桑比克、安哥拉、埃塞俄比亚的低造价住房项目，改善了当地民众居住条件；尼日利亚、塞内加尔、赤道几内亚的打井项目、坦桑尼亚查林兹供水系统、尼日尔津德尔供水工程等，解决了当地居民生活用水问题；赤道几内亚国家电视中心，满足了当地电视信号传输、覆盖的需求。

开展多种形式农业合作。粮食安全关系到非洲的稳定发展和脱贫减困。农业是大部分非洲国家的支柱产业，也是中非经贸合作的优先领域。中国始终将帮助非洲解决粮食安全问题作为中非农业合作的根本目的。中非农业合作的主要领域包括农业基础设施建设、粮食生产、养殖业、农业实用技术交流和转让、农产品加工和储运等。截至2009年底，中国共为非洲援建农业技术试验站、推广站、农场等农业项目142个，启动14个农业技术示范中心项目，并向非洲国家提供大批农用物资、农业设备。中国政府还鼓励中国企业到非洲投资农产品加工、农业开发项目。

改善非洲医疗卫生条件。援建医院、派遣医疗队、提供药品和医疗物资援助，是中国帮助非洲国家改善医疗卫生条件的主要措施。截至2009年底，中国在非洲援建了54所医院，设立30个疟疾防治中心，向35个非洲国家提供价值约2亿元人民币的抗疟药品。自1963年起，中国持续向非洲派遣医疗队，共向46个非洲国家派出过1.8万人次援外医疗队员，累计治疗患者2亿多人次，并为非洲培训数万名医疗技术人员。中国医疗队不仅诊治常见病、多发病，还创造条件开展心脑血管疾病治疗、断肢再植、巨大肿瘤切除等高难度手术，挽救众多生命垂危病人，并填补了受援国多项医学空白。目前，有1000多名中国医疗队队员在41个非洲国家提供医疗服务。

减轻非洲债务负担。中国政府一贯支持非洲国家的减债努力，帮助非洲国家减轻对华债务负担。从2000年至2009年，中国已免除35个非洲国家的312笔债务，总计189.6亿元人民币。上述减债举措，体现了中国帮助非洲实现发展的愿望和决心，也推动了国际社会对非减债进程。

开展减灾救灾和人道主义援助。中国与非洲积极开展减灾、救灾领域的人员交流、技术合作以及经验共享。当非洲国家遭受自然灾害和战乱影响时,中国坚持及时向其提供人道主义援助。随着国力提升,中国对非洲的人道主义援助力度不断加大。2003年,阿尔及利亚发生6.8级地震,中国迅速向其提供紧急救援物资并派遣国际救援队,救灾援助总计536万美元。2004年,中国正式建立人道主义紧急救灾援助应急机制,援助行动更加快捷有效。近年来,中国向苏丹、马达加斯加、布隆迪、坦桑尼亚、索马里、埃塞俄比亚、莱索托、津巴布韦等国家提供了食品、帐篷等紧急物资援助,帮助这些国家增强抵御灾害以及灾后重建的能力。自2004年以来,中国向苏丹提供近1.5亿元人民币无偿援助,用于向达尔富尔地区提供人道主义物资和实施打井供水项目。

六、拓宽中非合作领域

近年来，中非合作领域日益拓展，金融、旅游、航空、环境保护等逐渐成为中非合作的新领域、新亮点。中非还在多边框架中就应对气候变化等全球性问题相互支持、加强合作。

拓展金融合作。中国政府支持中非金融机构加强交流合作，为双方企业提供全方位的金融服务。中国国家开发银行、中国进出口银行、中国工商银行、中国银行、中国建设银行的业务已遍及非洲大陆，提供国际结算、贸易和融资等服务，融资领域涉及制造、能源、通讯、电力、供水、交通、农业、物流等行业。中国金融机构已在赞比亚、南非和埃及等国设立了分行或代表处。中国加入非洲开发银行、西非开发银行等，通过捐款、减债、设立双边技术合作基金等方式，支持非洲减贫与发展事业。非洲国家的金融机构也积极拓展对华业务。截至 2009 年底，埃及、摩洛哥、喀麦隆、南非和尼日利亚等 5 个非洲国家的 6 家银行，在中国设立了分行或代表处。

推进旅游合作。旅游是非洲国家关注的新兴产业之一，也正成为中非服务贸易新的增长点。中国积极推进与非洲国家的旅游合作。2002 年,埃及成为非洲第一个中国大陆公民组团出境旅游目的地。截至 2009 年底,非洲共有 28 个国家和地区成为中国大陆公民组团出境旅游目的地。2009 年,中国大陆公民首站到访非洲 38.1 万人次,同比增长 18.5%;非洲来华旅游 40.1 万人次,同比增长 6%。中国企业还在非洲开设旅行社、餐馆,参与酒店建设、管理等。

加强航空运输合作。中国鼓励双方航空企业建立更多合作关系,开通更多连接中国、非洲的直达航线,以便双方人员交往和货物运输。截至 2009 年底,中国与埃塞俄比亚、安哥拉、赞比亚、南非等 15 国正式签署民用航空运输协定,与塞舌尔、利比亚、乌干达等 6 国草签民用航空运输协定。目前,埃及、埃塞俄比亚、津巴布韦、肯尼亚、阿尔及利亚等国的航空公司已开通直达北京、广州的航班。中国的航空公司开通了北京至尼日利亚拉各斯、安哥拉罗安达和苏丹喀土穆的直达航线。此外,中国航空主管部门通过国际民航组织等渠道,积极开展对非援助合作,承诺从 2008 年至 2011 年,每年向国际民航组织"非洲航空安全全面地区实施计划"捐款 10 万美元,用于帮助非洲提高民航安全水平。

开展环境保护合作。环境保护与应对气候变化是全球面临的共同问题。在中非合作论坛框架下,中国与非洲国家共同召开中非环保合作会议,实施中非人力资源环境培训计划,成立了联合国环境规划署中非环境中心。中国政府倡议建立中非应对气候变化伙伴关系,在卫星气象监测、新能源开发利用、沙漠化防治、城市环境保护等领域加强合作。中国与非洲国家就气候变化国际谈判等问题深入交换意见,维护发展中国家的共同利益。中国支持非洲在应对气候变化方面的正当权利,在长期减排目标等问题上最大限度照顾非方关切。中方还承诺,在资金问题上不与非洲争援助,并将结合非洲实际需要,从资金、技术、能力建设等方面提供帮助。目前,中国已与部分非洲国家开展了沼气技术、水力发电、太阳能与风能发电等方面的合作。

七、发挥中非合作论坛引领作用

2000 年,中国与非洲国家共同创建了中非合作论坛。论坛迄今召开了四届部长级会议和一届峰会,建立了部长级会议、高官会、企业家大会等多层次的对话与合作机制。在中非双方共同努力下,中非合作论坛成为中非集体对话的重要平台和务实合作的有效机制。中非合作论坛增强了中非政治互信,引领、带动了包括经贸合作在内的中非合作,不断丰富中非关系内涵,提升中非关系水平。

自 2000 年中非合作论坛第一届部长级会议以来,中方围绕着中非发展面临的机遇和挑战,在长期合作、相互尊重、平等协商的基础上,不断出台新的经贸举措,推动中非经贸关系深入发展。这些经贸举措契合非洲发展需要,体现了中国政府在中非合作上的务实和创新精神。

在第一届部长级会议上,中方宣布减免非洲债务、鼓励企业对非投资和培训专业人才等措施。在 2003 年第二届部长级会议上,中方宣布增加对非援助、加强人力资源开发合作、给予与中国建交的非洲最不发达国家部分输华产品免关税待遇等措施。

在 2006 年中非合作论坛北京峰会和第三届部长级会

议上，中方宣布了旨在加强中非务实合作、支持非洲发展的8项举措，包括扩大援助规模、提供优惠性质贷款、援建非洲联盟会议中心、扩大免关税受惠商品范围、设立中非发展基金、建设境外经贸合作区、设立农业技术示范中心和疟疾防治中心等。在中非双方共同努力下，这8项举措已在2009年底前全面落实。

在2009年举行的中非合作论坛第四届部长级会议上，中方又宣布了8项新举措，涉及农业、环境保护、促进投资、减免债务、扩大市场准入、教育、医疗卫生等领域，进一步突出改善非洲民生、加强农业合作、加大人力资源开发合作、提高非洲自主发展能力等内容。这些举措，立足于帮助非洲国家解决当前的实际困难，着眼于帮助非洲实现可持续发展，进一步巩固非洲经济社会发展的基础。

中国在中非合作论坛上提出的一系列经贸举措，惠及所有与中国建交的非洲国家，使非洲有关国家和人民得到了实实在在的利益。今后，中国政府将继续本着互利共赢、友好协商、务实高效的精神，与非洲国家共同努力，加强论坛框架内的经贸合作，推动中非新型战略伙伴关系不断向深入发展。

结束语

　　当前,国际形势正处于大变革、大调整时期,由国际金融危机引发的世界经济衰退仍未过去,粮食安全、能源供给、气候变化、重大疾病防控等全球性问题日益突出,世界经济领域的不确定因素明显增多。中国与非洲各国同属发展中国家,既面临加快发展的难得机遇,又面临纷繁复杂的全球性挑战。

　　中国与非洲优势互补,共同利益不断扩大,经贸合作前景广阔。中国将继续秉承平等互利、共同发展的原则,一如既往地推动双边及多边框架下的中非经贸往来,拓宽合作领域,创新合作方式,共享发展成果。

　　随着经济全球化的深入发展,通过中国与非洲人民的共同努力,中非经贸合作一定会向更大规模、更宽领域和更高层次不断发展,为中非全面合作注入新的生机与活力,为建设一个持久和平、共同繁荣的和谐世界作出更大贡献。

附　录

附录 1

中非合作论坛北京峰会
中国承诺的 8 项举措

1. 扩大对非援助规模, 到 2009 年使中国对非洲国家的援助规模比 2006 年增加 1 倍。

2. 3 年内向非洲国家提供 30 亿美元的优惠贷款和 20 亿美元的优惠出口买方信贷。

3. 为鼓励和支持中国企业到非洲投资, 设立中非发展基金, 基金总额逐步达到 50 亿美元。

4. 为支持非洲国家联合自强和一体化进程, 援助建设非洲联盟会议中心。

5. 免除同中国有外交关系的所有非洲重债穷国和最不发达国家截至 2005 年底到期的政府无息贷款债务。

6. 进一步向非洲开放市场, 把同中国有外交关系的非洲最不发达国家输华商品零关税待遇受惠商品由 190 个税目扩大到 440 多个。

7. 3 年内在非洲国家建立 3—5 个境外经济贸易合作区。

8. 3 年内为非洲培训培养 1.5 万名各类人才；向非洲派遣 100 名高级农业技术专家；在非洲建立 10 个有特色的农业技术示范中心；为非洲援建 30 所医院，并提供 3 亿元人民币无偿援助帮助非洲防治疟疾，用于提供青蒿素药品及设立 30 个抗疟中心；向非洲派遣 300 名青年志愿者；为非洲援助 100 所农村学校；在 2009 年之前，向非洲留学生提供中国政府奖学金名额由每年 2000 人次增加到 4000人次。

附录 2

中非合作论坛第四届部长级会议
中国承诺的新 8 项举措

1. 倡议建立中非应对气候变化伙伴关系,不定期举行高官磋商,在卫星气象监测、新能源开发利用、沙漠化防治、城市环境保护等领域加强合作。中方决定为非洲援建太阳能、沼气、小水电等 100 个清洁能源项目。

2. 加强科技合作,倡议启动"中非科技伙伴计划",实施 100 个中非联合科技研究示范项目,接收 100 名非洲博士后来华进行科研工作,并为其回国服务提供资助。

3. 增加非洲融资能力,向非洲国家提供 100 亿美元优惠性质贷款;支持中国金融机构设立非洲中小企业发展专项贷款,金额 10 亿美元。对非洲与中国建交的重债穷国和最不发达国家,免除截至 2009 年底对华到期未还的政府无息贷款债务。

4. 扩大对非产品开放市场,逐步给予非洲与中国建交的最不发达国家 95% 的产品免关税待遇,2010 年内首先对 60% 的产品实施免关税。

5. 进一步加强农业合作,为非洲国家援建的农业示范中心增加到 20 个,向非洲派遣 50 个农业技术组,为非洲国家培训 2000 名农业技术人员,提高非洲实现粮食安全的能力。

6. 深化医疗卫生合作,为援非 30 所医院和 30 个疟疾防治中心提供价值 5 亿元人民币的医疗设备和抗疟物资,为非洲培训 3000 名医护人员。

7. 加强人力资源开发和教育合作,为非洲国家援助 50 所中非友好学校,培训 1500 名校长和教师;到 2012 年,向非洲提供的中国政府奖学金名额将增至 5500 名;今后 3 年为非洲培训各类人才总计 2 万名。

8. 扩大人文交流,倡议实施"中非联合研究交流计划",促进学者、智库交往合作,交流发展经验,并为双方出台更好合作政策提供智力支持。

图书在版编目（CIP）数据

中国与非洲的经贸合作/中华人民共和国国务院新闻办公室.
-北京:人民出版社,2010.12
ISBN 978－7－01－009553－0

Ⅰ.①中…　Ⅱ.①中…　Ⅲ.①国际合作:经济合作-白皮书-
中国、非洲　Ⅳ.①F125.54

中国版本图书馆 CIP 数据核字(2010)第 252648 号

中国与非洲的经贸合作
ZHONGGUO YU FEIZHOU DE JINGMAO HEZUO

（2010 年 12 月）

中华人民共和国国务院新闻办公室

人 民 大 出版 社 出版发行
（100706　北京朝阳门内大街 166 号）

环球印刷（北京）有限公司印刷　新华书店经销

2010 年 12 月第 1 版　2010 年 12 月北京第 1 次印刷
开本:850 毫米×1168 毫米 1/32　印张:1
字数:16 千字　印数:00,001-20,000 册

ISBN 978－7－01－009553－0　定价:4.50 元

邮购地址　100706　北京朝阳门内大街 166 号
人民东方图书销售中心　电话 (010)65250042　65289539